COSI' COME VIENE

di Benassi Alessandra

CUCINA
MONTANARA

Titolo | Così come viene. Cucina montanara
Autore | Alessandra Benassi
ISBN | 978-88-31609-88-3

Youcanprint
Via Marco Biagi 6 - 73100 Lecce
www.youcanprint.it
info@youcanprint.it

QUALCHE ANTIPASTO

FOCACCIA ALLA FONTINA E TARTUFO

Ingredienti

-300 g di farina di grano duro
-400 g di fontina
-un tartufo piccolo
-olio extravergine di oliva
-sale

Svolgimento della ricetta

Impastare la farina con un pizzico di sale e un bicchiere di acqua. Lavorare a lungo con le mani, dividere poi la pasta in due parti che verranno stese con il matterello in due dischi sottili. Ungere con abbondante olio una teglia del diametro dei due dischi, sistemarne uno sul fondo e cospargerlo con la fontina a dadini e il tartufo affettato o grattugiato. Coprire con il secondo disco di pasta facendo aderire bene i bordi. Cuocere in forno caldo a 180° finché la superficie non sarà ben dorata.

LARDO DI ARNAD E CASTAGNE AL BURRO

Ingredienti

-200 g di lardo di Arnad
-200 g di castagne
-60 g di burro di panna
-zucchero
-sale

Svolgimento della ricetta

Sbucciare le castagne, lessare in abbondante acqua leggermente salata. A cottura, scolarle e condirle con il burro, caramellandole in padella con dello zucchero. Servirle come accompagnamento al lardo.

CROSTATA DI PRATAIOLI

Ingredienti

-350 g di pasta frolla salata
-300 g di prataioli
-uno spicchio di aglio
-un mazzetto di prezzemolo
-tre uova
-100 g di parmigiano reggiano grattugiato
-2,5 dl di panna da cucina
-olio extravergine di oliva
-peperoncino rosso
-sale

Svolgimento della ricetta

Pulire i funghi e affettarli sottili, poi stufarli in un
tegame con un pochino di olio, salare e aggiungere un
trito di aglio e di prezzemolo solo a fine cottura. Tirare
la pasta frolla non troppo sottile e metterla in una
tortiera leggermente unta di olio. Coprire la superficie
della pasta con un foglio di carta da forno e quindi uno
strato di legumi secchi. Cuocere a 180° per 15 minuti.
Nel frattempo sbattere le uova con la panna, salare e
insaporire con un pizzico di peperoncino. Sfornare la
crostata, togliere carta e legumi, distribuirvi sopra uno
strato di funghi, coprire con un pò di crema di uova e
spolverizzare con parmigiano. Ripetere gli strati fino ad
esaurimento degli ingredienti. Terminare con la crema.
Cuocere sempre a 180° per 30 minuti.

TOMINI DI PERANCHE

Ingredienti

-otto tomini freschi
-1 dl di olio extravergine di oliva
-un cucchiaio d'aceto di vino
-uno spicchio di aglio tritato
-un peperoncino tritato
-una foglia di salvia tritata
-un gambo di sedano tritato
-un pizzico di noce moscata
-un pizzico di timo
-fette di pane casereccio
-sale
-pepe

Svolgimento della ricetta

Emulsionare l'olio, l'aceto, un pizzico di sale, un pizzico di pepe e tutti gli altri ingredienti. Sistemare in una terrina i tomini e condirli con l'emulsione lasciandoli macerare per qualche ora. Servire con le fette di pane abbrustolito.

ANTIPASTO DI TROTE E FUNGHI

Ingredienti

-due grosse trote
-cinque grossi funghi
-un sedano bianco
-il succo di due limoni
-qualche foglia di rucola
-200 g di parmigiano reggiano a scaglie
-olio extravergine di oliva
-sale
-pepe

Svolgimento della ricetta

Pulire, lavare e asciugare le trote quindi cuocerle a vapore. Dopodiché, pulirle bene togliendo la pelle e le lische, e spezzettarne la polpa in una zuppiera. Aggiungere il sedano a tocchetti, i funghi puliti e affettati e il parmigiano. Preparare una salsa emulsionando l'olio con il succo filtrato dei limoni, sale, pepe e la rucola tritata fine. Usare la salsa per condire l'insalata.

SALATINI AI PRUGNOLI

Ingredienti

-200 g di farina
-un cucchiaino di lievito in polvere
-300 g di prugnoli
-uno spicchio di aglio
-due cucchiai di semi di sesamo, cumino e finocchio
-100 g di formaggio di montagna grattugiato
-80 g di ricotta
-un uovo
-latte
-olio extravergine di oliva
-peperoncino
-sale

Svolgimento della ricetta

Pulire i funghi, tritarli grossolanamente e rosolarli in olio
con l'aglio tritato. Dopo 10 minuti spegnere e mescolare
al formaggio con un pizzico di peperoncino e di sale.
Impastare la farina con l'uovo, il lievito, 4 cucchiai di
olio, la ricotta, un pizzico di sale e tanto latte quanto è
necessario per ottenere una pasta morbida ma
consistente. Tirarla in una sfoglia sottile da cui verranno
ritagliati dei dischi da 6 cm di diametro. Al centro di ogni
disco distribuire un po' di funghi e poi richiudere a
semicerchio sigillando i bordi. Sistemare i salatini su una
placca da forno unta, spolverizzando la superficie con i
semi alternati. Cuocere a 180° per 20 minuti.

FRITTELLE ALLA MARESINA

Ingredienti

-400 g di riso
-due uova
-2 dl di latte
-10 foglie di varesina (crisantemo selvatico)
-olio di arachidi
-sale

Svolgimento della ricetta

Bollire il riso a lungo per circa un'ora e mezza. Scolarlo e mescolarlo alle uova e al latte, aggiustare di sale. Tritare le foglie del fiore e aggiungerle al composto. Mescolare bene e formare delle frittelle piatte che andranno fritte in abbondante olio bollente.

CANAPE' DI TARTUFI BIANCHI E LARDO CON FONDUTA

Ingredienti

-otto fette di pancarrè
-un tartufo bianco
-otto fette di lardo
-duecento grammi di fontina
-due uova
-40 g di burro a temperatura ambiente
-un bicchiere di latte
-sale

Svolgimento della ricetta

Pulire il tartufo. Preparare la fonduta unendo in un tegame mezzo bicchiere di latte, la fontina tagliata a pezzetti e un pochino di sale. Fare cuocere a bagnomaria mescolando di continuo. Quando sarà cremoso, aggiungere i tuorli diluiti con un po' di latte caldo e con 20 g di burro. Mescolare per ottenere una crema liscia. Tenere in caldo, coperto e mescolare ogni tanto perché non si formi la pellicola. Togliere la crosta al pancarrè e tagliare ogni fetta in quattro parti. Fare dorare leggermente nel burro rimasto e disporre in un piatto da portata caldo. Coprire con la fonduta calda, una fetta di lardo ciascuno e una fettina di tartufo.

FRITTATA CON LO SPECK

Ingredienti

-due uova
-tre fette di speck
-50 g di formaggio di montagna tenero
-burro
-sale

Svolgimento della ricetta

Le quantità degli ingredienti si riferiscono ad un solo commensale. Sciogliere in una padella una noce di burro e scaldarvi dentro le fette di speck, scolarle e tenerle caldo. Rimettere sul fuoco una padella con un pochino di burro, versarvi le uova sbattute con un pizzico di sale e il formaggio tagliato a pezzettini. Cuocere la frittata da un lato quindi, aiutandosi con un piatto, girarla e cuocere anche sull'altro lato. Servirla distribuendovi sopra le fette di speck calde.

PERE COL FORMAGGIO DI MALGA

Ingredienti

-200 g di rucola
-200 g di formaggio di malga fresco
-due pere
-mezzo decilitro di olio extravergine di oliva
-semi di sesamo

Svolgimento della ricetta

Affettare sottile il formaggio. Pulire, lavare e asciugare la rucola. Sul piatto da portata disporre un letto di rucola e adagiarvi sopra le fettine di formaggio. Sbucciare le pere, tagliare a fettine sottili e sistemarle sopra il formaggio. Condire con un filo di olio e guarnire con i semi di sesamo.

SOMA

Ingredienti

-quattro fette di pane casereccio
-quattro fette di lardo
-quattro spicchi di aglio
-pepe

Svolgimento della ricetta

Strofinare ogni fetta di pane con uno spicchio di aglio,
poi tagliarle a metà e farcirle con una fetta di lardo.
Tostare le some sulla gratella o in forno finché il lardo
non si è sciolto.

CROSTINI AI CRAUTI

Ingredienti

-fette di pane di segale
-duecento g di crauti scottati
-uno spicchio di aglio
-un cucchiaio di semi di cumino
-olio extravergine di oliva

Svolgimento della ricetta

Strizzare i crauti e farli saltare per qualche minuto in un pochino di olio e semi di cumino. Disporli sulle fette di pane abbrustolito strofinate precedentemente con lo spicchio di aglio.

CARPACCIO DELLO STELVIO

Ingredienti

-200 g di bresaola a fette
-un ciuffo di origano
-timo
-maggiorana
-olio extravergine di oliva
-un limone
-pepe

Svolgimento della ricetta

Disporre le fette di bresaola su un piatto da portata.
Cospargerle con un trito erbe aromatiche, bagnare con il
succo di limone e l'olio, e infine cospargere con il pepe.
Lasciare macerare 30 minuti prima di servire.

QUALCHE ZUPPA

CANEDERLI IN BRODO

Ingredienti

Per otto canederli

-300 g di pane raffermo
-100 g di speck
-mezza cipolla
-due uova
-due bicchieri di latte
-due cucchiai di farina di frumento
-due cucchiai di prezzemolo tritato
-un mazzetto di erba cipollina
-1 litro e mezzo di brodo di carne
-burro
-sale

Svolgimento della ricetta

Tagliare il pane a dadini e metterlo in una ciotola con lo
speck tagliato a dadini piccolissimi. Pulire la cipolla,
tritarla fine e soffriggerla in una noce di burro. Sbattere
le uova a parte con una parte del latte, aggiungere il
prezzemolo e versarvi dentro il pane, lasciando riposare
per 30 minuti prima di incorporarvi la farina, un pizzico
di sale e la cipolla. Se necessario, aggiungere altro latte.
Mescolare bene, poi con le mani bagnate, formare delle
palle di impasto grosse quanto un mandarino.
Comprimere bene. Cuocere in acqua bollente salata e a
lieve bollore. Trascorsi 15 minuti scolarli e servirli con il

brodo di carne caldo guarnendo con l'erba cipollina
tritata.

ZUPPA DI CIPOLLE

Ingredienti

-ottocento grammi di cipolle
-farina di frumento
-1 litro e mezzo di brodo
-100 g di emmental
-olio extravergine di oliva
-quattro fette di pane casereccio
-sale
-pepe in grani

Svolgimento della ricetta

Tagliare a fette sottili le cipolle e lasciarle ammorbidire in olio a fiamma dolce. Come saranno morbide, spruzzarle con un po' di farina, salare, pepare e versare il brodo caldo. Lasciare cuocere per 15 minuti e nel frattempo tostare le fette di pane in un tegame con olio. Come la zuppa è pronta, servirla molto calda in piatti in cui saranno stati disposti i crostini di pane spolverizzati di formaggio grattugiato grossolanamente. Ultimare con un abbondante macinata di pepe.

ZUPPA AL VINO BIANCO

Ingredienti

-due bicchieri di vino bianco secco
-due bicchieri di latte
-due tuorli d'uovo
-un cucchiaio di zucchero
-cannella in polvere
-30 g di burro
-sale
-quattro fette di pane tostato

Svolgimento della ricetta

Sciogliere il burro a fiamma dolce, aggiungere lentamente il vino, portare ad ebollizione e aggiungere i tuorli sbattuti con lo zucchero mescolando bene per rendere tutto omogeneo. Abbrustolire il pane in un tegame con del burro. Poco prima di togliere dal fuoco la zuppa, aggiungere poco alla volta il latte e aggiustare di sale. Servire la zuppa in piatti sul cui fondo sarà stato disposto il pane spruzzato con un po' di cannella.

ZUPPA DELLE VALLI VALDESI

Ingredienti

-700 g di pane raffermo
-un cavolo verza
-200 g di toma dura
-75 g di burro
-5 dl di brodo di pollo
-noce moscata
-pepe

Svolgimento della ricetta

Stendere una foglia di cavolo sul fondo di un tegame,
coprirla con le fette di pane raffermo e cospargere di
toma grattugiata e di pepe. Continuare così fino a
riempire il tegame, poi coprire tutto con il brodo di
pollo. Cuocere a fiamma moderata senza mescolare. A
fine cottura condire con burro sciolto e una grattugiata
di noce moscata.

MINESTRA DI CRAUTI

Ingredienti

-400 g di crauti
-due cipolle
-una cipollina
-un peperone rosso
-2,5 dl di vino bianco
-un litro di brodo
-una foglia di alloro
-un cucchiaino di cumino
-due cucchiaini di paprica dolce
-1 dl di panna acida
-tre cucchiai di olio extravergine di oliva

Svolgimento della ricetta

Tritare le cipolle, tagliare a rondelle la cipollina e a listarelle il peperone. Rosolare il tutto in olio per sei minuti. Aggiungere i crauti sgocciolati, bagnare con il vino e versare dentro anche il brodo. Mescolare, aggiungere l'alloro, la paprica e il cumino. Come raggiunge il bollore, abbassare la fiamma e fare sobbollire per 15 minuti. Guarnire con la panna acida e servire.

CREMA DI FINFERLI

Ingredienti

-500 g di finferli
-400 g di patate
-un piccolo porro
-mezzo litro di brodo vegetale
-1 dl di panna fresca
-40 g di burro
-mezzo bicchiere di brandy
-un ciuffo di prezzemolo
-sale
-pepe

Svolgimento della ricetta

Lavare e affettare il porro facendolo poi rosolare con il burro e poi bagnarlo con il brandy. Lasciare evaporare, aggiungere le patate a tocchetti e i finferli tagliati a metà. Lasciare insaporire a fiamma vivace per qualche minuto. Intanto scaldare il brodo, versarvi dentro gli ingredienti e portare ad ebollizione. Abbassare la fiamma e cuocere per 30 minuti. Prelevare una parte delle patate, schiacciarle con una forchetta e rimetterle nella pentola. Aggiungere la panna, sale, pepe e continuare la cottura per altri 10 minuti. Spolverizzare con il prezzemolo tritato e servire.

MINESTRA DI MONTASIO

Ingredienti

-4 dl di latte
-6 dl di brodo
-40 g di montasio fresco
-50 g di burro
-50 g di farina
-uno spicchio di aglio
-una cipolla
-mezzo bicchiere di vino bianco secco
-un pizzico di noce moscata
-una scorza di limone
-100 g di pane nero
-sale
-pepe

Svolgimento della ricetta

Tritare la cipolla e soffriggerla nel burro, versare la farina e rosolare per cinque minuti. Bagnare con il brodo e con il latte, e portare tutto ad ebollizione. Aggiungere i due tipi di montasio grattugiato, bagnare con vino bianco e aggiustare di sale e di pepe. Condire con un pizzico di noce moscata, la scorza di limone grattugiata e l'aglio tritato. Cuocere per altri 10 minuti poi passare tutto nel mixer. Servire la minestra con dadini di pane nero saltati nel burro.

MINESTRA DI CASTAGNE

Ingredienti

-400 g di castagne secche
-un ramo di menta
-un ramo di rosmarino
-un ciuffetto di prezzemolo
-cinque foglie di salvia
-quattro fette di pane casereccio
-sale

Svolgimento della ricetta

Lavare bene le castagne. Tritare fine la menta, il prezzemolo, il rosmarino e le foglie di salvia. Portare ad ebollizione un tegame di acqua con l'aggiunta degli aromi tritati, versarvi dentro le castagne, portare di nuovo a bollore e cuocere a tegame coperto per due ore. Quando le castagne saranno morbide la zuppa sarà pronta e andrà servita accompagnando con pane abbrustolito.

ZUPPA DI FAGIOLI E CASTAGNE

Ingredienti

-una tazza di fagioli secchi
-mezza tazza di castagne secche pulite
-mezza stecca di vaniglia
-un cucchiaio di farina di frumento
-burro
-sale

Svolgimento della ricetta

Lasciare in ammollo separatamente i fagioli e le castagne
per almeno una notte in acqua fredda. Scolare i fagioli e
metterli a bollire in 1 litro e mezzo di acqua fredda,
lasciandoli cuocere a fiamma moderata per un'ora e
mezza. Aggiungere le castagne scolate e la cannella,
proseguire la cottura per un'altra ora mantenendo la
fiamma bassa. Passare al passa verdura una parte della
minestra e riunirla alla pentola, salando leggermente. In
un tegamino a parte imbiondire la farina con un
cucchiaio di burro quindi versarla nella minestra bollente
mescolando con cura. Dopo qualche minuto di cottura,
servire in piatti condendo con un pochino di burro fuso.

MINESTRA D'ORZO

Ingredienti

-200 g di orzo
-50 g di fagioli secchi
-due carote
-una patata
-una cipolla
-un gambo di sedano
-75 g di pancetta affumicata
-olio extravergine di oliva
-sale

Svolgimento della ricetta

Lasciare in ammollo per una notte i fagioli e l'orzo separatamente in abbondante acqua fredda.
Rosolare in poco olio la cipolla tritata grossolanamente, aggiungere le carote e la patata tagliata a dadini, e il sedano a pezzetti piccoli. Aggiungere 1 litro di acqua calda, i fagioli scolati e l'orzo con l'acqua dell'ammollo. Portare ad ebollizione, abbassare la fiamma, coprire il tegame e cuocere per 30 minuti a fiamma moderata. Aggiungere la pancetta a pezzettini e proseguire la cottura aggiustando di sale solo alla fine.

MINESTRA DI LATTE E CASTAGNE

Ingredienti

-250 g di castagne secche pulite
-100 g di riso
-un cucchiaio di pinoli
-un cucchiaio di uva sultanina
-una foglia di alloro
-1 litro di latte
-burro
-sale

Svolgimento della ricetta

Mettere in ammollo le castagne in acqua tiepida per un giorno intero. Scolarle, metterle in una pentola, coprire con acqua, aggiungere l'alloro e portare a bollore. Come inizia a bollire, abbassare la fiamma e cuocere per due ore regolando di sale solo alla fine. Scolare le castagne e metterle in un altra pentola con il latte diluito in 5 dl di acqua, sempre a fiamma bassa. Cuocere per 45 minuti poi pestare le castagne con una forchetta, regolare di sale e aggiungere i pinoli, l'uva ammollata in acqua tiepida e il riso. Servire la minestra non appena il riso sarà cotto e condirla con una noce di burro.

MINESTRA DI RISO ALLA VALDOSTANA

Ingredienti

-250 g di riso
-tre rape
-1 litro e mezzo di brodo vegetale
-50 g di burro di panna
-sale

Svolgimento della ricetta

In un tegame sciogliere il burro e versarvi dentro le rape pulite e tagliate a fettine sottili. Mescolare per cinque minuti e versarvi dentro il riso. Aggiungere il brodo bollente e cuocere per 20 minuti. Aggiustare di sale e servire.

ZUPPA DI PORCINI

Ingredienti

-300 g di funghi porcini
-una piccola manciata di prezzemolo
-100 g di farina di frumento
-un bicchiere di vino bianco secco
-1 litro di brodo
-olio extravergine di oliva
-burro
-fette di pane casereccio
-sale
-pepe

Svolgimento della ricetta

Pulire i funghi e tagliarli a pezzettini, quindi farli insaporire in un tegame con un pochino di olio. Dopo 10 minuti bagnare con il vino, fare evaporare in parte insaporendo con sale, pepe e il prezzemolo tritato. In un altro tegame sciogliere una grossa noce di burro e stemperarvi dentro la farina, diluire con un pochino di brodo caldo e poi aggiungere i funghi metà passati al passa verdura e metà no. Dopo qualche minuto versare il resto del brodo e proseguire la cottura per altri 15 minuti. Servire la zuppa accompagnando con dadini di pane rosolati in un tegame unto di olio.

MOSA

Ingredienti

-200 g di farina di frumento
-100 g di farina di mais
-2 litri di latte
-burro
-semi di papavero
-sale

Svolgimento della ricetta

Mischiare le farine e scioglierle nel latte diluito con 6,5 dl
di acqua. Salare e lasciare cuocere dolcemente per 40
minuti mescolando di continuo. A fine cottura, condire
con burro fuso aromatizzato con semi di papavero e
servire.

QUALCHE PRIMO PIATTO

CANEDERLI AGLI SPINACI

Ingredienti

Per 12 canederli

-300 g di pane raffermo
-ottocento grammi di spinaci
-una piccola cipolla
-uno spicchio di aglio
-noce moscata
-due uova
-un cucchiaio di farina di frumento
-due cucchiai di pangrattato
-100 g di parmigiano reggiano grattugiato
-un bicchiere di latte
-100 g di burro
-sale
-pepe

Svolgimento della ricetta

Tagliare il pane a dadini e bagnarlo con il latte tiepido. Lessare gli spinaci. Scolarli, strizzarli e passarli sul fuoco con pò di burro in cui saranno stati soffritti la cipolla e l'aglio tritati. Aggiungere gli spinaci e le uova al pane, mescolare e insaporire con sale, pepe, noce moscata, quindi amalgamare anche la farina e il pangrattato. Con il composto formare delle piccole palle che andranno cotte per 15 minuti in acqua salata al minimo bollore. Condire con il grana e il burro fuso dorato.

FETTUCCINE DI SAN VINCENT

Ingredienti

Per la pasta

-150 g di farina di castagne
-100 g di farina di frumento
-tre uova
-sale

Per il condimento

-500 g di costine di maiale
-mezza cipolla
-una carota
-un ciuffetto di prezzemolo
-un cavolo verza
-un bicchiere di vino bianco secco
-brodo vegetale
-olio extravergine di oliva
-sale
-pepe in grani

Svolgimento della ricetta

Scottare le foglie di verza. In un tegame soffriggere nell'olio un trito di carota, cipolla e prezzemolo. Quindi cuocervi le costine di maiale bagnandole con il vino e con un poco di brodo se necessario. A cottura, aggiungere le foglie di verza. Disossare costine e tagliare la carne a

pezzetti. Sul piano da lavoro mescolare le due farine,
formare una fontana e versare al centro due uova intere,
un tuorlo e un pizzico di sale. Impastare bene e tirare una
sfoglia molto sottile ricavandovi delle fettuccine.
Cuocerle in abbondante acqua salata, scolarle e condirle
con il sugo preparato spolverizzando il tutto con pepe
macinato prima di servire.

GNOCCHETTI DI SARACENO

Ingredienti

-120 g di farina di grano saraceno
-120 g di farina di frumento
-due uova
-80 g di pancetta affumicata
-50 g di parmigiano reggiano grattugiato
-un bicchiere di panna liquida
-olio extra vergine di oliva
-50 g di burro
-noce moscata
-sale

Svolgimento della ricetta

Preparare una pastella mescolando le farine con un cucchiaio di olio e circa 1 dl di acqua. Insaporire con un pizzico di noce moscata e sale, quindi aggiungere le uova incorporandole una alla volta. Formare i classici gnocchetti che andranno buttati in acqua bollente, come vengono a galla, scolarli e passarli velocemente nell'acqua fredda. A parte tagliare a pezzetti la pancetta e soffriggerla nell'olio, versarvi la panna e lasciare cuocere per un paio di minuti. Aggiungere il burro, mescolare bene e spadellare i gnocchi nel sugo e servire accompagnandoli con il parmigiano.

PIZZOCCHERI AL FORNO

Ingredienti

-300 g di farina di grano saraceno
-100 g di farina di frumento
-200 g di verza o bietola
-200 g di patate
-3 spicchi di aglio
-un rametto di salvia
-150 g di parmigiano reggiano grattugiato
-150 g di fontina
-100 g di burro
-olio extravergine di oliva
-sale

Svolgimento della ricetta

Preparare i pizzoccheri mescolando le farine con un
pizzico di sale e lavorandole con l'acqua necessaria ad
ottenere una pasta liscia e omogenea. Stenderla in una
sfoglia di pochi millimetri e ricavare delle tagliatelle
corte larghe 1 cm. Lavare, tagliare a pezzi le verdure e
lessarle in abbondante acqua salata. Dopo cinque minuti
nella stessa pentola mettere a cottura i pizzoccheri.
Entrambi avranno 10 minuti di tempo da cuocere. Nel
frattempo tagliare il formaggio a dadini. Sciogliere il
burro con qualche cucchiaio di olio insaporendo con la
salvia e gli spicchi di aglio schiacciati che andranno tolti
come diventano dorati. In una pirofila da forno disporre
un primo strato di pasta e verdura, ricoprire con un misto

di parmigiano e fontina a dadini e condire con il burro e la salvia. Continuare con un altro strato di pasta e via di seguito fino ad esaurimento degli ingredienti. In ultimo condire con un abbondante spolverata di parmigiano e qualche fiocchetto di burro, Quindi cuocere a 200° per 10 minuti.

GNOCCHI ALLA VALDOSTANA

Ingredienti

-300 g di farina di mais macinata grossa
-100 g di farina di mais macinata fine
-due uova
-150 g di fontina
-100 g di parmigiano reggiano grattugiato
-un litro di latte
-burro
-noce moscata
-sale
-pepe in grani

Svolgimento della ricetta

Salare e fare bollire il latte, versare dentro le due farine
a pioggia mescolando con cura perché non si formino dei
grumi. Quando la polenta è pronta, aggiungere
mescolando la fontina a cubetti, un cucchiaio di burro e
un pizzico di noce moscata. Lasciare intiepidire e poi
incorporare anche i tuorli. Mescolare e versare la polenta
su un piano bagnato di acqua fredda, distribuendola in
modo che raggiunga uno spessore di un dito. Lasciare
raffreddare. Con l'aiuto di un bicchiere del diametro di 5
cm, ritagliare dei dischi di pasta e disporli in una pirofila
rettangolare imburrata sovrapponendoli leggermente.
Ungere la loro superficie con il burro fuso, spolverizzare
di parmigiano e pepe nero e gratinare a 200° per 10
minuti.

PIZZOCCHERI CARDI E CAPRINO

Ingredienti

-350 g di pizzoccheri (pagina 38)
-100 g di formaggio di capra
-30 g di burro
-un grosso cardo
-un mazzetto di erbe aromatiche (maggiorana,
prezzemolo, basilico)
-un cucchiaino di semi di finocchio
-un bicchiere di vino bianco
-sale

Svolgimento della ricetta

Lavare e pulire il cardo eliminando le foglie esterne.
Tagliarlo a bastoncini di 5 cm e lessarlo per otto minuti in
abbondante acqua salata. Pulire le erbette e scottarle
per qualche minuto in acqua bollente, scolarle e lasciarle
raffreddare. In una padella mettere il cardo, le erbette, i
semi di finocchio, un pizzico di sale e lasciare insaporire
per qualche minuto nel burro. Aggiungere il vino e fare
evaporare. Cuocere i pizzoccheri in abbondante acqua
salata e dopo averli scolati, distribuirli in una pirofila
imburrata condendoli con le verdure e il formaggio di
capra a fettine. Mettere la pirofila in forno sotto il grilli e
dorare fino a scioglimento del formaggio.

GNOCCHI ALLA MALGHESE

Ingredienti

-400 g di farina di frumento
-100 g di parmigiano reggiano grattugiato
-80 g di burro di malga
-sale

Svolgimento della ricetta

In una ciotola mescolare la farina con un pizzico di sale e
tanta acqua necessaria ad ottenere un impasto
consistente. Portare ad ebollizione una pentola
salata e farvi cadere dentro ad intervalli dei pezzi di
impasto delle dimensioni di uno gnocco. Come i gnocchi
vengono a galla, scolarli con un mestolo forato e disporre
a strati in una pirofila calda, ricoprendo ogni strato con
formaggio grattugiato e burro dorato.

RISOTTO CON GLI STRIGOLI

Ingredienti

-400 g di riso
-250 g di strigoli
-80 g di parmigiano reggiano grattugiato
-una cipolla
-100 g di burro
-brodo di carne
-sale

Svolgimento della ricetta

Gli strigoli sono le foglie di una pianta chiamata "Silene
vulgaris" che fiorisce nel periodo estivo vicino ai corsi
d'acqua, comunque la si trova anche in commercio.
Sciogliere in una casseruola il burro e rosolarvi a fiamma
dolce la cipolla tritata, salare e versarvi gli strigoli tritati
e il riso lasciando insaporire per qualche minuto.
Dopodiché aggiungere il brodo e portare a cottura il riso.
Ultimare aggiungendo una noce di burro e parmigiano
reggiano, fare mantecare e servire.

FONDUTA VALDOSTANA

Ingredienti

-300 g di fontina
-due uova
-uno spicchio di aglio
-un tartufo bianco
-latte
-100 g di burro
-pepe in grani
-fette di pane

Svolgimento della ricetta

Affettare sottile la fontina, metterla in una terrina con lo spicchio di aglio schiacciato, ricoprirla di latte e lasciarla riposare per una notte. Mettere in un tegame due terzi del burro e la fontina scolata dal latte eliminando l'aglio, e cuocere a bagnomaria a fiamma dolcissima, e mescolando di continuo fino ad ottenere una crema densa e uniforme. Togliere il tegame dal fuoco, aggiungere il rimanente burro a pezzetti e uno alla volta i tuorli, poi rimettere sul fuoco per altri cinque minuti. Insaporire con abbondante macinata di pepe e scaglie di tartufo accompagnando con piccoli crostini di pane tostato.

RISO ALLA BOSCAIOLA

Ingredienti

-400 g di riso
-150 g di pancetta magra
-50 g di porcini secchi
-una manciata di prezzemolo
-una cipolla
-brodo
-50 g di burro di malga
-quattro cucchiai di olio extravergine di oliva
-sale

Svolgimento della ricetta

Lasciare i funghi secchi in ammollo in acqua tiepida per due ore. In una casseruola sciogliere il burro, l'olio e aggiungere la cipolla tritata e i funghi spezzettati. Lasciare rosolare per qualche minuto quindi versarvi dentro il riso mescolando bene finché non assorbe il condimento. Coprire il riso con il brodo caldo e cuocere a fiamma dolce fino a quando non avrà assorbito tutto il brodo, quindi aggiungere il prezzemolo tritato e la pancetta a dadini. Aggiungere ancora un pochino di brodo e mescolando portare a cottura il riso. Regolare di sale prima di servire.

GNOCCHI ALLA RICOTTA

Ingredienti

-300 g di farina bianca
-400 g di ricotta fresca
-due cucchiai di pangrattato
-100 g di parmigiano reggiano grattugiato
-burro
-sale

Svolgimento della ricetta

Lavorare a crema la ricotta con un cucchiaio e aggiungere poco alla volta la farina mescolata al pangrattato, un po' di sale e acqua sufficiente ad ottenere un impasto omogeneo ma consistente. Formare con il composto dei filoncini delle dimensioni di un grosso dito e con il coltello tagliare in tanti pezzettini di 3 cm di lunghezza. Cuocere gli gnocchi in abbondante acqua salata e come vengono in superficie, prelevare con un mestolo forato e servire caldi con burro fuso e parmigiano.

GNOCCHI ALL'ORTICA

Ingredienti

Per gli gnocchi

-500 g di patate
-200 g di farina
-100 g di germogli d'ortica
-un uovo
-sale

Per condire

-300 g di passata di pomodoro
-una cipolla bianca
-qualche foglia di basilico
-50 g di montasio stagionato
-olio extravergine di oliva
-sale

Svolgimento della ricetta

Lessare le patate, sbucciarle e passarle allo schiacciapatate amalgamandole poi con la farina, l'uovo, il sale e le ortiche lessate e tritate. Suddividere l'impasto in lunghi cilindri spessi un grosso dito e con un coltello tagliarli in pezzetti di 3 cm. Fare rosolare la cipolla tritata in poco olio, aggiungere la passata di pomodoro, un pizzico di sale e il basilico. Cuocere per qualche minuto, eliminare le foglie di basilico e frullare fino ad ottenere una salsa molto chiara. Cuocere gli gnocchi in una pentola con abbondante acqua salata in ebollizione, scolarli man mano che vengono a galla, condire con un filo di olio mescolandoli delicatamente. Servire in tavola guarnendo con la salsa di pomodoro e il formaggio scaglie.

PAPPARDELLE DEL BOSCAIOLO

Ingredienti

-400 g di pappardelle
-500 g di porcini freschi
-due cucchiai di olio extravergine di oliva
-30 g di burro
-due spicchi di aglio
-un ciuffetto di nepitella
-sale
-pepe

Svolgimento della ricetta

Pulire e tagliare a fettine sottili i porcini. Scaldare l'olio
in una padella e rosolarvi dentro gli spicchi di aglio
schiacciati. Aggiungere i porcini, qualche foglia di
nepitella, aggiustare di sale e di pepe. Cuocere per 10
minuti mescolando di continuo. Nel frattempo lessare al
dente le pappardelle in abbondante acqua salata, scolarle
e versarle nella padella dei funghi togliendo gli spicchi di
aglio. Aggiungere il burro a fiocchetti e saltare il tutto
per qualche minuto.

RISO CON LA FONDUTA

Ingredienti

-400 g di riso
-200 g di fontina valdostana
-una cipolla
-mezzo spicchio di aglio
-un tartufo
-due uova
-latte
-vino bianco secco
-brodo
-burro
-sale
-pepe

Svolgimento della ricetta

Preparare la fonduta (vedi pagina). A parte rosolare la
cipolla tritata in una noce di burro e quando sarà
diventata trasparente, versarvi dentro il riso e mescolare
perché assorba il condimento. Bagnare con uno spruzzo di
vino e lasciate evaporare, salare e portare il riso a
cottura versandovi poco alla volta il brodo. Fermare la
cottura del riso quando sarà al dente, condirlo con un
pochino di fonduta e pepe. Disporre in un piatto da
portata caldo, coprirlo con il resto della fonduta,
guarnirlo con scaglie di tartufo e servire.

STRANGOLAPRETI TRENTINI

Ingredienti

-200 g di pane raffermo
-400 g di spinaci
-due uova
-farina di frumento
-pangrattato
-70 g di parmigiano reggiano grattugiato
-latte
-burro
-qualche foglia di salvia
-sale

Svolgimento della ricetta

Lessare a vapore gli spinaci, strizzarli e tritarli. Nel
frattempo sminuzzare il pane e bagnarlo con un po' di
latte quindi aggiungere le uova, qualche cucchiaio di
farina mescolata al pangrattato, un pochino di sale e
mescolare il tutto amalgamando al composto anche gli
spinaci. In una pentola portare ad ebollizione abbondante
acqua salata e con l'aiuto di un cucchiaio bagnato spesso
nell'acqua bollente, staccare dall'impasto dei pezzetti
grossi quanto dei gnocchi lasciandoli cadere nell'acqua.
Come vengono a galla scolarli e condirli con il formaggio
e il burro fuso insaporito con qualche foglia di salvia.

BLECS DELLA CARNIA

Ingredienti

-150 g di farina di grano saraceno
-150 g di farina di frumento
-50 g di farina di mais
-due uova
-150 g di burro
-50 g di formaggio latteria vecchio
-sale

Svolgimento della ricetta

Mescolare le farine di frumento e di grano saraceno sul piano di lavoro. Formare una fontana e versarvi al centro le uova, 100 g di burro, un pizzico di sale e tanta acqua quanto sarà necessaria per ottenere un impasto della giusta consistenza. Tirare la sfoglia molto sottile, tagliarla in triangoli di 5 cm di lato e cuocerli in abbondante acqua salata per tre minuti. In un tegame saltare per 10 minuti la farina di mais nel burro rimasto. Quando sarà dorata aggiungere dei triangoli di pasta e saltare velocemente. Condire il tutto con una spolverata di formaggio grattugiato.

LA POLENTA

POLENTA PASTICCIATA

Ingredienti

-200 g di farina di mais fine
-50 g di farina di mais grossa
-300 g di polpa di maiale affettata
-200 g di castrato
-mezzo pollo
-due salsicce
-un piccione
-una cipolla
-una carota
-un mazzetto di timo
-salvia e rosmarino
-due cucchiai di farina
-brodo
-un bicchiere di vino rosso
-aceto
-latte
-burro
-olio extravergine di oliva
-sale

Svolgimento della ricetta

Con qualche giorno d'anticipo mettere il castrato a
marinare in acqua e aceto. Trascorso il tempo, lavarlo e
mettere in un tegame rosolandolo col burro assieme ad
un battuto di cipolla, carota, timo, salvia e rosmarino.
Aggiungere poi anche le altre carni, bagnare con il vino

rosso, lasciare evaporare e versare un bicchiere di brodo facendo cuocere lentamente per un'ora. Nel frattempo preparare una polenta tenera con la farina di mais fine e grossa, usando per la cottura acqua e latte. Come sarà pronta, farla raffreddare e affettarla. Ungere una teglia allinearvi le fette di polenta e coprire con le carni cotte disossate e spezzettate. A parte fondere due cucchiai di burro, aggiungere la farina e lasciare tostare. Diluire con il sugo di cottura della carne filtrato e come il composto diventa cremoso, versarlo sulla carne e sulla polenta. Cuocere in forno caldo a 200° per 10 minuti prima di servire.

POLENTA NERA CON BAGNA BIANCA

Ingredienti

-500 g di patate
-200 g di farina di grano saraceno
-50 g di farina di frumento
-sale

Per la bagna bianca

-7,5 dl di panna
-30 g di burro
-un porro
-mezzo bicchiere di latte
-sale
-pepe

Svolgimento della ricetta

Lavare molto bene le patate e lessarle con la buccia. Scolarle, pelarle e rimetterle nel tegame con l'acqua di cottura. Aggiungere poco alla volta mescolando, la farina di frumento e quella di grano saraceno. Cuocere per 40 minuti mescolando continuamente e sempre nello stesso verso. Nel frattempo preparare la bagna bianca rosolando nel burro il porro affettato, aggiungere la panna, il latte. Salare, pepare e lasciare cuocere per qualche minuto a fiamma media. Versare la polenta su un piatto da portata ricoprendo con la bagna bianca.

POLENTA SPRESSA BRIE E SALAMELLA

Ingredienti

-250 g di farina di mais grossa
-100 g di burro
-100 g di brie
-100 g di spressa o asiago
-300 g di salamella fresca
-100 g di parmigiano reggiano grattugiato
-una cipolla
-pepe

Svolgimento della ricetta

In un tegame soffriggere in una noce di burro, la cipolla tagliata sottile e la salamella. Pepare. Preparare una polenta morbida e quando è cotta, aggiungervi la salamella, il burro rimanente, la spressa e il brie tagliati a dadini, il parmigiano. Mescolare il tutto e servire.

POLENTA AL MONTASIO

Ingredienti

-500 g di farina di mais
-200 g di formaggio montasio
-80 g di parmigiano reggiano
-olio extravergine di oliva
-latte
-sale

Svolgimento della ricetta

Preparare una polenta di media consistenza mescolando bene gli ingredienti in modo che non si formino dei grumi. A cottura ultimata, versarvi un primo strato dentro una pirofila unta con un pochino di olio. Sopra questo primo strato disporre il montasio a striscioline, completare con un giro di olio e una spruzzata di latte. Versare un altro strato di polenta e ricoprire allo stesso modo. Quando la polenta sarà terminata, ricoprire l'ultimo strato con una spolverata di parmigiano. Mettere la pirofila in forno a 220° per 20 minuti o fino a quando la superficie non sarà ben dorata.

POLENTA TARTUFO E UOVA DI QUAGLIA

Ingredienti

-250 g di farina di mais
-16 uova di quaglia
-un tartufo bianco
-burro di montagna
-sale

Svolgimento della ricetta

Preparare la polenta non troppo densa e farne quattro porzioni. Far cuocere le uova al tegamino con un pochino di burro e un pizzico di sale. Versarle sulle porzioni della polenta. Tagliare il tartufo a lamelle e distribuire sulle porzioni per guarnire.

POLENTA TARTUFATA AI TRE FORMAGGI

Ingredienti

-350 g di farina di mais fine
-100 g di crescenza
-100 g di taleggio morbido
-100 g di parmigiano grattugiato
-un cucchiaio di pasta di tartufo
-burro
-sale

Svolgimento della ricetta

Preparare una polenta morbida. A fine cottura aggiungervi
la crescenza, poi il taleggio senza la crosta e tagliato a
dadini ed infine il parmigiano. Mescolare ogni volta
tenendo il fuoco bassissimo. Per ultimo aggiungere la
pasta di tartufo. Tenere il fuoco basso finché i formaggi
non si saranno sciolti. Togliere dal fuoco e incorporarvi 30
g di burro. Imburrare uno stampo da budino, versarvi
dentro la polenta premendola in modo che non rimangano
dei vuoti e cuocere in forno caldo a 180° per 10 minuti.
Sfornare e lasciare riposare la polenta per qualche minuto
prima di capovolgerla su un piatto da portata.

QUALCHE SECONDO PIATTO

SPEZZATINO DI VITELLO ALLA VALDOSTANA

Ingredienti

-un chilo di polpa di vitello
-due cipolle
-tre chiodi garofano
-sette bacche di ginepro
-5 dl di vino bianco
-olio extravergine di oliva
-sale
-pepe

Svolgimento della ricetta

Affettare le cipolle e farle appassire in un tegame con poco olio. Aggiungere la carne a pezzetti e rosolare a fiamma vivace. Bagnare con metà del vino, aggiungere le spezie e aggiustare di sale e di pepe. Portare a cottura la carne a fiamma moderata aggiungendo poco alla volta il restante vino.

CAPRIOLO IN UMIDO

Ingredienti

-un chilo e mezzo di polpa di capriolo
-2 gambi di sedano
-due carote
-due cipolle
-due foglie di alloro
-qualche bacca di ginepro
-farina di frumento
-vino rosso corposo
-olio extravergine di oliva
-sale

Svolgimento della ricetta

Pulire le verdure, tagliarle a pezzi e rosolarle nell'olio. Mescolare continuamente e insaporire con qualche foglia di alloro e le bacche di ginepro. Nel frattempo tagliare la polpa di capriolo a pezzi, infarinare e rosolare in padella con un pochino di olio. Trasferire quindi in una teglia già preparata con abbondante olio e le verdure rosolate, salare e mettere in forno caldo a 180° per 15 minuti. Mescolare e bagnare con il vino. Quando sarà evaporato, portare a cottura la carne aggiungendo poco alla volta vino e acqua calda.

COSCIOTTO D'AGNELLO CON CASTAGNE

Ingredienti

-un cosciotto d'agnello di circa un chilo
-250 g di castagne
-una carota
-un gambo di sedano
-una cipolla
-30 g di lardo
-uno spicchio di aglio
-un ramo di rosmarino
-un cucchiaio di rum
-un cucchiaio di Marsala
-un cucchiaino di zucchero
-olio extravergine di oliva
-sale
-pepe

Svolgimento della ricetta

Lavare e asciugare il cosciotto, e metterlo in una teglia.
Distribuirvi sopra il lardo pestato, l'aglio a fettine, gli
aghi di rosmarino, bagnare con l'olio e aggiustare di sale
e di pepe. Tutt'attorno mettere carota, cipolla e sedano
tagliati a pezzetti. Infornare a 180° per un'ora girando
spesso la carne. Nel frattempo sbucciare le castagne e
lessarle in acqua salata e zuccherata. Una volta cotte,
spellarle e metterle nella teglia assieme al cosciotto.
Rimettere in forno per altri 10 minuti aggiungendo verso

la fine il rum e il marsala.

CONIGLIO AI FINFERLI

Ingredienti

-un coniglio
-150 g di pancetta affumicata
-800 g di finferli
-due scalogni
-due spicchi di aglio
-una cipolla
-una carota
-tre foglie di alloro
-un ramo di rosmarino
-olio extravergine di oliva
-sale
-pepe

Svolgimento della ricetta

Tritare grossolanamente la pancetta, la cipolla e la carota, quindi farle rosolare in qualche cucchiaio di olio con gli spicchi di aglio schiacciati. Come tutto è dorato, scolare il tutto, eliminare l'aglio, e tenere in caldo. Nello stesso tegame rosolare il coniglio pulito e tagliato a pezzi. Quindi coprirlo con il soffritto, insaporire con una foglia di alloro e un trito di rosmarino e abbassare la fiamma. Nel frattempo pulire i funghi e tagliarli a metà, quindi farli insaporire in un tegame con un pochino di olio e gli scalogni tritati. Dopo 10 minuti di cottura aggiungere i funghi al coniglio, mescolare e cuocere a tegame coperto per circa un'ora e mezza a fiamma dolce. Servire accompagnando con polenta.

67

CAPRETTO AL LATTE

Ingredienti

-un chilo e mezzo di capretto
-due uova
-la scorza di limone
-pangrattato
-latte
-50 g di lardo
-50 g di burro
-sale

Svolgimento della ricetta

Tagliare il capretto a pezzi, passarli nell'uovo sbattuto
con un pizzico di sale e subito dopo nel pangrattato. Poi
soffriggere in burro e lardo, e aggiungere la scorza di
limone grattugiata. Rosolare a fiamma vivace e quando
saranno coloriti, bagnare con il latte e portare a cottura
su fiamma moderata. Servire con la polenta.

BISTECCHE AL RAFANO ALTOATESINE

Ingredienti

-quattro bistecche di manzo di circa 200 g l'una
-50 g di uva passa
-mezzo bicchiere di marsala
-40 g di burro
-300 g di farina
-5 dl di brodo di carne
-due cucchiai di rafano grattugiato
-un cucchiaio di aceto
-un cucchiaino di zucchero
-sale
-pepe

Svolgimento della ricetta

Fare sciogliere il burro in una casseruola, versarvi la farina e diluire con un paio di mestoli di brodo caldo. Aggiustare di sale e di pepe e cuocere per 15 minuti. Togliere la salsa dal fuoco, incorporarvi il rafano, l'uva ammollata nel marsala precedentemente, l'aceto e lo zucchero. Mescolare bene. Cuocere le bistecche sulla griglia lasciandole al sangue. Disporre su un piatto da portata caldo, insaporire di sale e di pepe, e versarvi sopra la salsa al rafano.

CONIGLIO ALLA CACCIATORA

Ingredienti

-un coniglio
-due cipolle
-due spicchi di aglio
-un grosso pomodoro maturo
-un ramo di rosmarino
-5 dl di aceto di vino
-un bicchiere di vino bianco secco
-olio extravergine di oliva
-sale

Svolgimento della ricetta

Tagliare il coniglio a pezzi non troppo piccoli e lasciare riposare per circa un'ora in aceto e a una pari quantità di acqua. Scolarlo, asciugarlo e metterlo a cuocere in un tegame con dello olio e gli spicchi di aglio. Rosolare la carne fin quando assumerà un bel colore bagnando ogni tanto con il vino. Quando questo sarà evaporato e la carne rosolata, scolare il coniglio dalla teglia e mettervi dentro la cipolla tritata e il rosmarino. Non appena la cipolla sarà rosolata, rimettere di nuovo il coniglio all'interno del tegame, salare e aggiungere anche il pomodoro tritato grossolanamente. Bagnare ancora con un pochino di vino misto ad acqua e portare a cottura il coniglio a fiamma media. Servire il coniglio alla cacciatora accompagnando con polenta.

SELLA DI DAINO AI MIRTILLI

Ingredienti

-una sella di daino
-1 dl di vino rosso
-2 dl di brodo
-50 g di burro
-una cipolla
-due carote
-una costa di sedano
-due cucchiai di panna
-tre spicchi di aglio
-200 g di mirtilli freschi
-tre cucchiai di zucchero
-olio extravergine di oliva
-sale
-pepe

Svolgimento della ricetta

Strofinare la sella di daino con sale e pepe, rosolarla in
padella con quattro cucchiai di olio e un pochino di burro.
Trasferire il tutto in una teglia disponendo tutt'attorno le
verdure tritate e gli spicchi di aglio interi. Cuocere a 180°
per un'ora e mezza bagnando spesso con il sugo di cottura
e il brodo caldo. Quando la sella è cotta, tagliarla a
fettine e sistemarla in un piatto da portata tenendola in
caldo. Eliminare dal fondo di cottura gli spicchi di aglio,
aggiungere il vino e ridurlo a fiamma vivace. Aggiungere il
restante burro, mescolare fino ad ottenere una crema

densa. Sciogliere lo zucchero in un bicchiere di acqua, versare in una casseruola e fare bollire per qualche minuto. Aggiungere i mirtilli e cuocere a fuoco moderato per 10 minuti. Aggiungere la panna e fare addensare. Servire la carne con la salsa tiepida a parte.

GULASH

Ingredienti

-800 g di muscolo di manzo
-due grosse cipolle
-due spicchi di aglio
-due cucchiai di paprica
-una foglia di alloro
-un cucchiaino di semi di cumino
-mezzo cucchiaino di foglie di maggiorana
-la scorza e il succo di limone
-un bicchiere di vino rosso
-un bicchiere di aceto di vino
-quattro cucchiai di strutto
-un cucchiaio di burro
-sale

Svolgimento della ricetta

Scaldare lo strutto in una pentola e aggiungervi le cipolle
tagliate ad anelli piuttosto sottili e farle dorare.
Ammucchiare le cipolle da una parte sul fondo della
pentola e rosolare nello stesso spazio la carne tagliata a
pezzi non troppo grossi. Poi mescolare la carne alle
cipolle e continuare a rosolare fino a quando sul fondo
della pentola non si sarà formato una sottile crosta
dorata. Bagnare con il vino e l'aceto, lasciare evaporare,
salare, spolverizzare di paprica, allungare con un
bicchiere di acqua e lasciare stufare a fiamma dolce per
circa un'ora e mezza. Tritare fini gli aromi, mescolare il

burro ammorbidito e aggiungerli al gulash assieme alla scorza e ad uno spruzzo di succo di limone. Lasciare insaporire per qualche minuto e servire.

COSCIOTTO DI CAMOSCIO AL FORNO

Ingredienti

-un cosciotto di camoscio di circa un chilo e mezzo
-50 g di burro
-50 g di lardo
-sale
-pepe

Per la marinata

-un bicchiere di vino bianco secco
-mezzo bicchiere di aceto
-una carota
-una cipolla
-un gambo di sedano
-un ciuffo di prezzemolo
-uno spicchio di aglio
-un pizzico di timo
-una foglia di alloro
-tre cucchiai di olio extravergine di oliva
-sale e pepe

Svolgimento della ricetta

Frollare la carne di camoscio per cinque giorni. Eliminare
poi nervi e pelle quindi lavarla in acqua fredda e
asciugarla. Con un coltello appuntito praticare dei fori e
riempirli con listarelle di lardo. Preparare una marinata
con un trito finissimo di carota, cipolla, sedano,

prezzemolo, aglio. Mettere il trito in un recipiente, diluire con il vino, l'aceto, tre cucchiai di olio, sale e pepe. Profumare con un pizzico di timo e la foglia di alloro sbriciolata. Immergervi dentro la carne lasciandola marinare per un giorno intero rigirandola di tanto in tanto. Al termine, sgocciolarla. Imburrare una pirofila, adagiarvi dentro il cosciotto, cospargere con il burro a fiocchetti e cuocere a 200° per circa un'ora. Se necessario, bagnare con del vino bianco perché la carne non si attacchi. Servire il cosciotto a fette con un contorno di lenticchie o di piselli.

TROTE ALLA VALDOSTANA

Ingredienti

-quattro trote da 200 g l'una
-mezza cipolla
-una carota
-un gambo di sedano
-uno spicchio di aglio
-un ramo di salvia
-un ramo di rosmarino
-un limone
-una tazzina di uva passa
-un cucchiaio di farina
-un bicchiere di aceto
-brodo vegetale
-olio extravergine di oliva
-burro
-sale
-pepe

Svolgimento della ricetta

Pulire e lavare le trote quindi asciugarle. Pulire, lavare le verdure e tagliarle a dadini, poi farle rosolare in un tegame assieme all'olio. Insaporire con un battuto d'aglio, salvia e rosmarino. Aggiungere le trote e farle rosolare da entrambe i lati, bagnare con l'aceto e lasciare evaporare. Aggiungere la scorza di limone grattugiata e l'uva passa ammollata precedentemente in acqua calda. Salare, pepare e portare a cottura bagnando con brodo caldo se necessario. Infine scolare le trote e tenerle in caldo, passare il sugo al passa tutto e metterlo sul fuoco aggiungendovi il burro lavorato con la farina. Lasciare cuocere per un paio di minuti poi versare la salsa sulle trote e servire.

PUNTINE DI MAIALE CON I CRAUTI

Ingredienti

-200 g di puntine di maiale
-100 g di pancetta affumicata
-1 luganiga fresca di maiale
-un chilo di crauti
-olio extravergine di oliva

Svolgimento della ricetta

Scottare la salsiccia in acqua bollente in modo che possa
perdere la maggior parte del grasso. In una pentola
scaldare un pochino di olio, versarvi dentro i crauti e un
pochino di acqua. Mescolare velocemente, quindi
aggiungere la salsiccia, le puntine di maiale e la pancetta
affumicata. Cuocere il tutto per un paio d'ore a fiamma
moderata e a pentola coperta. Mescolare ogni tanto
bagnando con acqua o brodo caldo. Servire con polenta.

TROTE CON SALSA AL TARTUFO NERO

Ingredienti

-quattro trote da 200 g l'una
-due tartufi neri
-due spicchi di aglio
-aceto di vino rosso
-olio extravergine di oliva
-il succo di un limone
-sale

Svolgimento della ricetta

Pulire le trote e lessarle in acqua salata. Quando sono
cotte, togliere la pelle, le pinne e tutte le lische
ricavandone otto filetti da mettere su un piatto da
portata. Lavorare nel mortaio i tartufi puliti riducendoli
in pasta. Aggiungere gli spicchi di aglio pelati e pestare
anche quelli. Diluire con un pochino di aceto e il succo
del limone, amalgamare bene. Regolare di sale. Mettere
la salsa sul fuoco con un pochino di olio e lasciare che si
scaldi. Bagnare con la salsa calda i filetti e servire.

CARBONATA

Ingredienti

-un chilo di polpa di manzo
-una cipolla
-uno spicchio di aglio
-due foglie di alloro
-due foglie di salvia
-due chiodi di garofano
-tre bacche di ginepro
-un cucchiaio di farina di frumento
-brodo
-mezzo bicchiere di vino rosso corposo
-burro
-sale
-pepe

Svolgimento della ricetta

Tagliare la polpa di manzo a pezzetti. In un tegame rosolare la cipolla tritata in una noce di burro e come si è ammorbidita, aggiungere la carne. Salare, pepare e rosolare in maniera uniforme, quindi bagnare con il vino e aggiungere gli aromi. Lasciare evaporare, abbassare la fiamma e proseguire la cottura per circa un'ora versando poco alla volta brodo caldo se necessario. Poco prima di servire, addensare il sugo con la farina sciolta in un pochino di brodo.

TORTINO DI CARNE

Ingredienti

-500 g di fesa di vitello
-un panino raffermo
-un bicchiere di latte
-tre uova
-100 g di parmigiano reggiano grattugiato
-burro
-un tartufo nero
-sale
-pepe

Svolgimento della ricetta

Tagliare la fesa a fettine sottili, tante quante ne servono per coprire la superficie di una tortiera imburrata. Tritare la carne rimasta e distribuirla sulle fettine. Amalgamare il panino ammollato precedentemente nel latte, con le uova, il parmigiano e una noce di burro. Aggiustare di sale e di pepe, e stendere l'impasto sul trito di carne. Cospargere il tutto con fiocchetti di burro e tartufo a lamelle. Cuocere in forno a 180° per 45 minuti.

COSTOLETTE DI CAPRIOLO CON SALSA DI RIBES ROSSO

Ingredienti

-otto costolette di capriolo
-otto cucchiai di olio extravergine di oliva
-un limone
-un mazzetto di prezzemolo
-tre cucchiai di pangrattato
-sale
-pepe

Per la salsa

-un chilo di ribes rosso
-mezzo limone
-due chiodi di garofano
-mezzo cucchiaino di cannella in polvere
-un bicchiere di aceto di vino bianco
-300 g di zucchero

Svolgimento della ricetta

Battere le costolette con il batticarne e appiattirle,
quindi lavarle e asciugarle. Metterle in un recipiente
basso e largo e ricoprirle con olio, succo di limone, un
pizzico di sale e pepe, e prezzemolo lavato e tritato.
Lasciare marinare per due ore, poi sconsolarle bene e
passarle nel pangrattato da entrambe i lati. Mettere sulla
bistecchiera calda e arrostirle a fiamma moderata.

Quando saranno cotte, metterle su un piatto da portata e
bagnarle con il liquido della marinata. Nel frattempo
lavare il ribes, asciugarlo e stenderlo su un canovaccio
pulito, sgranarlo e lasciarlo macerare per tre ore in una
ciotola con l'aceto, la cannella, i chiodi di garofano
pestati e qualche scorza di limone. Trascorso questo
tempo, trasferire in una casseruola, portare a bollore e
cuocere schiumando e mescolando spesso per 15 minuti.
Aggiungere a questo punto lo zucchero e continuare a
mescolare a fiamma dolce per altri 15 minuti. Togliere dal
fuoco, raffreddare, versare la salsa nella salsiera e
accompagnare le costolette.

CAMOSCIO ARROSTO

Ingredienti

-un chilo di polpa di camoscio
-70 g di lardo
-20 g di burro
-un cucchiaio di farina
-la scorza di un'arancia
-due foglie d'alloro
-un peperoncino piccante
-cinque bacche di ginepro
-un ramo di timo
-mezzo bicchiere di brodo di carne
-vino bianco secco
-quattro cucchiai di olio extravergine di oliva
-sale
-pepe

Svolgimento della ricetta

Frollare per cinque giorni la carne. Quindi pulirla da nervi
e pelle, e lavarla bene. Grattugiare la scorza dell'arancia
e mescolarla a metà del peperoncino. Tagliare a listarelle
il lardo. Con un coltello appuntito praticare dei fori nella
polpa del camoscio e introdurre in ogni foro una listarella
di lardo precedentemente passata nella scorza d'arancia e
nel peperoncino. Punzecchiare la carne con una forchetta
e metterla in un recipiente. Ricoprirla con il vino bianco
assieme alle foglie di alloro, alle bacche di ginepro e
all'altra metà del peperoncino. Lasciare riposare la carne

per tre giorni nella marinata. Rigirarla spesso durante
questo periodo. Quindi sgocciolarla, asciugarla e metterla
in una pirofila unta di olio. Condirla con sale, pepe e
mettere in forno a 200° per due ore. Una volta cotta
mantenerla in caldo e versare il fondo di cottura in un
tegame. Mettere su fuoco a fiamma dolce e aggiungere
gli aromi della marinata, mescolare e lasciare che si
insaporiscano. Eliminare gli aromi, incorporare il liquido
della marinata. Mescolare con cura aggiungendo poco alla
volta, la farina lavorata con il burro a temperatura
ambiente e diluire il tutto con un pochino di brodo caldo.
Fare a addensare a fiamma moderata, versare il sugo in
una salsiera dopo averlo passato in una garza fine.
Accompagnare la carne tagliata a fette e messa su un
piatto da portata caldo.

TROTE ALLA BOSCAIOLA

Ingredienti

-quattro trote da 200 g l'una
-300 g di porcini
-due spicchi di aglio
-un mazzetto di prezzemolo
-un bicchiere di vino bianco secco
-olio extravergine di oliva
-sale
-pepe in grani

Svolgimento della ricetta

Pulire, lavare e asciugare le trote. Pulire i funghi e affettarli. Mettere le trote in una pirofila, condire con olio, sale, pepe e bagnare con il vino. Cuocere a 180° per 20 minuti avendo cura di bagnarle spesso con in sugo di cottura e di rigirarle a metà cottura. Aggiungere i funghi alle trote e cospargere tutto con un trito fine di prezzemolo e aglio. Proseguire la cottura per altri 10 minuti.

CAPRIOLO AL VINO

Ingredienti

-un chilo di polpa di capriolo
-50 g di pancetta
-mezzo bicchiere di vino rosso
-cinque foglie di alloro
-olio extravergine di oliva
-burro
-sale
-pepe

Per la marinata

-1 litro di vino rosso
-un mazzo aromatico (salvia, rosmarino, timo)
-3 chiodi di garofano

Svolgimento della ricetta

Lasciare riposare per un giorno intero la carne di capriolo
tagliata a pezzi in una marinata preparata con il vino
rosso, spezie e aromi. Trascorso questo tempo, scolarla,
rosolarla in un tegame con un battuto di pancetta, un po'
di olio e un pezzo di burro. Salare, pepare e spruzzare
con il vino rosso. Dopo qualche minuto bagnare con un
mestolo di brodo e aggiungere le foglie di alloro. Cuocere
lentamente per due ore, bagnando ancora con un pochino
di brodo se fosse necessario.

QUALCHE CONTORNO

FAVE ALLA VALDOSTANA

Ingredienti

-600 g di fave fresche sgranate
-una fetta di prosciutto crudo di circa 100 g
-una cipolla
-uno spicchio di aglio
-tre cucchiai di polpa di pomodoro
-un bicchiere di brodo
-olio extravergine di oliva
-sale
-pepe

Svolgimento della ricetta

Lessare le fave. In un tegame saltare il prosciutto tagliato a dadini in olio, cipolla e l'aglio tritati. Dopo qualche minuto, aggiungere la polpa di pomodoro e le fave, aggiustare di sale e di pepe. Lasciare cuocere per 15 minuti bagnando ogni tanto con il brodo.

INSALATA DI CRAUTI

Ingredienti

-300 g di crauti
-una cipolla piccola
-un cucchiaino di semi di cumino
-due cucchiai di olio extravergine di oliva

Svolgimento della ricetta

Spremere leggermente i crauti dal loro succo e disporli in un'insalatiera. Aggiungere i semi di cumino e la cipolla tritata molto fine. Condire con olio, mescolare con cura e servire.

FAGIOLI AL VINO

Ingredienti

-200 g di fagioli secchi
-un cucchiaino di bicarbonato
-una foglia di alloro
-un bicchiere di vino bianco secco
-50 g di burro
-sale
-pepe

Svolgimento della ricetta

Lavare di fagioli e lasciarli in ammollo in acqua fredda per una notte intera assieme al bicarbonato. Scolarli, metterli in una pentola piena di acqua fredda assieme alla foglia di alloro e lessarli. A cottura ultimata, scolarli e versarli in un tegame assieme al burro fuso. Quando avranno assorbito il condimento, aggiungere il vino e lasciare evaporare, quindi aggiustare di sale e di pepe.

FAVE ALLA PIEMONTESE

Ingredienti

-600 g di fave fresche sgranate
-50 g di fontina
-un bicchiere di panna
-sale

Svolgimento della ricetta

Lessare le fave in acqua salata. Dopo 10 minuti scolare, mettere in una casseruola, versarvi sopra la panna e cuocere a fiamma moderata aggiustando di sale e lasciando che tutto si addensi. Dopo 10 minuti aggiungere la fontina a cubetti, mescolare e lasciare che si sciolga, togliere dal fuoco e servire.

FINFERLI AL SUGO

Ingredienti

-un chilo di finferli
-400 g di pomodori pelati
-qualche ramo di prezzemolo
-due spicchi di aglio
-40 g di burro
-cinque cucchiai di olio extravergine di oliva
-sale

Svolgimento della ricetta

Pulire i funghi, lavarli, asciugarli e tagliarli a metà nel senso della lunghezza. Metterli poi per qualche istante in un tegame su fiamma moderata, mescolando continuamente. Mettere poi in una padella con il burro e l'olio e cuocere per qualche minuto. Aggiungere i pomodori pelati sminuzzati e cuocere a fiamma dolce per un'ora. Regolare di sale, insaporire con un trito di prezzemolo e aglio, e servire.

PATATE AL LARDO

Ingredienti

-500 g di patate
-mezza cipolla
-qualche ramo di rosmarino
-50 g di lardo
-tre cucchiai di olio extravergine di oliva
-sale
-pepe

Svolgimento della ricetta

Lavare e lessare le patate. Affettare fine la cipolla e
rosolare in una padella con l'olio a fiamma moderata.
Come diventa dorata, aggiungere il lardo a cubetti. Come
diventa trasparente, aggiungere le patate tagliate a
tocchetti. Mescolare delicatamente e condire con
rosmarino tritato, sale e pepe. Portare a cottura
bagnando con acqua calda o brodo se necessario.

PATATE E PERE

Ingredienti

-250 g di patate
-250 g di pere
-una cipolla
-50 g di panna
-50 g di pancetta
-una foglia di alloro
-sale

Svolgimento della ricetta

Sbucciare le patate, tagliarle a pezzi e lessarle assieme alla pancetta e la foglia d'alloro. Tagliare le pere a metà, togliere il torsolo e i semi. Cuocere in acqua salata e scolarle bene. In un tegame soffriggere nel burro la cipolla tritata fine e farla dorare, poi versare la panna. Disporre su un piatto da portata patate e pere, e versarvi sopra la salsa di cipolle.

INSALATA DI CAVOLO E MELE

Ingredienti

-300 g di cavolo bianco
-due mele
-una cipolla
-un cucchiaio di semi di cumino
-qualche bacca di ginepro
-tre cucchiai di olio extravergine di oliva
-un cucchiaio di aceto di mele
-un cucchiaio di succo di limone
-sale

Svolgimento della ricetta

Pulire il cavolo, eliminare le foglie esterne, lavarlo e
affettarlo sottile. Sbucciare la cipolla e tritarla fine.
Sbucciare le mele, tagliare a metà, eliminare il torsolo e
tagliare la polpa a dadini. In una ciotola riunire il cavolo,
la cipolla tritata, le mele, aggiungere i semi di cumino e
le bacche di ginepro. In una ciotolina emulsionare l'olio, il
succo di limone, l'aceto di mele e un pizzico di sale.
Usare la salsina per condire l'insalata.

FAGIOLI CON PATATE

Ingredienti

-150 g di fagioli secchi
-un cucchiaino di bicarbonato
-600 g di patate
-due cucchiai di salsa di pomodoro
-un ramo di rosmarino
-qualche foglia di salvia
-una foglia di alloro
-mezza salsiccia luganiga
-50 g di lardo
-50 g di burro
-sale
-pepe

Svolgimento della ricetta

Mettere in ammollo i fagioli in acqua assieme al
bicarbonato per una notte intera. Poi scolarli e lessarli in
altra acqua. Nel frattempo tagliare a pezzi le patate. In
un tegame soffriggere il lardo pestato e il burro,
aggiungere le patate, la salsa di pomodoro, sale e pepe,
la salsiccia a pezzi, il rosmarino, la salvia e l'alloro. In
ultimo versare dell'acqua ricoprendo il tutto e mettere in
forno per un'ora. A cottura ultimata aggiungere i fagioli
alle patate e mettere su fuoco per qualche minuto prima
di servire.

CAVOLO ALLA TIROLESE

Ingredienti

-un grosso cavolo rosso
-due mele
-tre cucchiai di olio extravergine d'oliva
-30 g di burro
-due cucchiai di aceto
-due cucchiaini di zucchero
-sale
-pepe

Svolgimento della ricetta

Togliere al cavolo le foglie esterne più dure, tagliarlo a metà e affettarlo sottile. In un tegame sciogliere il burro assieme all'olio, quindi aggiungere il cavolo lasciando insaporire per qualche minuto. Spruzzare con l'aceto, salare, pepare e proseguire la cottura a fiamma dolce e a tegame coperto. Sbucciare le mele, affettarle e aggiungerle al cavolo a metà cottura. Aggiungere lo zucchero, mescolare, lasciare cuocere per due minuti e servire.

POLPETTE DI FAGIOLI

Ingredienti

-200 g di fagioli secchi
-un cucchiaino di bicarbonato
-una cipolla
-un gambo di sedano
-un chiodo di garofano
-due cucchiai di parmigiano reggiano grattugiato
-pangrattato
-due uova
-olio di arachidi
-sale
-pepe

Svolgimento della ricetta

Lasciare i fagioli in ammollo in acqua e bicarbonato per una notte intera, scolarli e lessarli in altra acqua assieme al sedano, cipolla e il chiodo di garofano. A cottura ultimata, passare al setaccio, incorporando il formaggio, un cucchiaio di pangrattato, i tuorli d'uovo, un pizzico di sale e pepe. Impastare e preparare delle polpettine. Passarle nelle chiare d'uovo sbattute e poi nel pangrattato. Friggere le polpette in olio bollente e lasciarle poi asciugare su carta assorbente.

I PIATTI UNICI

LUCCIO IN SALSA CON POLENTA

Ingredienti

-300 g di farina di mais
-un luccio da un chilo
-mezza cipolla
-una carota
-un gambo di sedano
-un bicchiere di vino bianco
-sale
-pepe in grani

Per la salsa

-150 g di acciughe sotto sale
-150 g di capperi
-150 g di prezzemolo
-olio extravergine di oliva

Svolgimento della ricetta

Pulire e lavare il pesce. Lessare in una casseruola con acqua aromatizzata con il vino e le verdure, qualche grano di pepe e il sale. Nel frattempo preparare la salsa tritando fine i capperi, il prezzemolo e le acciughe diliscate. Amalgamare con abbondante olio. Terminare la cottura del pesce, scolarlo, diliscarlo, sfilettarlo e disporre la polpa in una pirofila. Condirlo con la salsa e lasciare riposare per una notte intera. Servire accompagnando con una polenta di media consistenza.

PICCIONI CON POLENTA

Ingredienti

-250 g di farina di mais
-quattro piccioni da 400 g l'uno
-100 g di burro
-4 fette sottili di lardo
-un limone
-tre cucchiai di brodo di carne
-sale
-pepe

Svolgimento della ricetta

Spiumare i piccioni e fiammeggiarli. Pulirli tenendo da parte il fegato. Lavarli bene e asciugarli. Salarli e peparli internamente ed esternamente e introdurre il fegato nella pancia. Avvolgerli nelle fette di lardo e legarli con dello spago da cucina. Metterli in una pirofila imburrata, bagnarli con il restante burro fuso e mettere in forno caldo a 200° per 20 minuti. Dopodiché slegare, eliminare la fetta di lardo e farli dorare in forno per qualche minuto. Metterli su un piatto da portata, bagnare con il fondo di cottura diluito con qualche cucchiaio di brodo di carne caldo. Servire con una polenta di media consistenza.

POLENTA AL FORNO

Ingredienti

-500 g di farina di mais
-100 g di prosciutto crudo
-100 g di pancetta
-150 g di pecorino grattugiato
-due spicchi di aglio
-olio extravergine di oliva
-burro
-sale
-pepe

Svolgimento della ricetta

Fare una polenta soda, versarla su di un tagliere e lasciare intiepidire. Rosolare due spicchi di aglio in una teglia con un pochino di olio. Dopodiché toglierli e aggiungere il prosciutto e la pancetta tagliati a striscioline. Rosolare e togliere anche questi. Ungere una pirofila con del burro e mettervi dentro a strati la polenta tagliata a fette. Ogni strato di polenta andrà guarnito con qualche cucchiaio di soffritto e abbondante pecorino grattugiato. L'ultimo strato sarà condito con burro fuso e abbondante formaggio. Cuocere a 180° lasciando gratinare per 15 minuti prima di servire.

POLENTA CON SUGO DI MAIALE

Ingredienti

-300 g di farina di mais
-600 g di carne di maiale
-500 g di pomodori pelati
-50 g di grasso di prosciutto
-uno spicchio di cipolla
-un pezzo di carota
-due rami di maggiorana
-mezzo bicchiere di brodo
-olio extravergine di oliva
-farina
-100 g di pecorino
-50 g di chiodi di garofano
-sale
-pepe in grani

Svolgimento della ricetta

Tritare carota, cipolla e maggiorana assieme al grasso del prosciutto. Tagliare la carne a pezzi e infarinarla. Rosolarla poi in un tegame con l'olio, versarvi dentro il trito di verdure, aggiungere i chiodi di garofano e qualche grano di pepe. Portare tutto a cottura, a fiamma dolce, aggiungendo qualche cucchiaio di brodo poco per volta. Quando la carne sarà cotta, versarvi dentro i pomodori pelati e aggiustare di sale. Proseguire la cottura fino a quando il sugo non si sarà addensato. Preparare quindi la polenta portando ad ebollizione 1 litro di acqua salata e

versarvi dentro a pioggia la farina, mescolando di
continuo. Una volta pronta, distribuire la polenta nei
singoli piatti e condire con il sugo di maiale
spolverizzando con il pecorino.

POLENTA CON SPIEDINI

Ingredienti

-400 g di farina di mais
-140 g di burro
-100 g di toma
-100 g di taleggio piccante grasso
-12 fettine di fesa di vitellone
-12 fettine di pancetta affumicata
-12 fettine sottili fontina
-mezzo bicchiere di vino bianco secco
-salvia
-sale

Svolgimento della ricetta

Preparare una polenta portando ad ebollizione un litro di
acqua salata, farvi cadere a pioggia la farina di mais e
mescolare di continuo con una frusta per evitare che si
formino i grumi. Cuocerla per 40 minuti e poi sciogliervi
dentro, la toma e il taleggio, puliti e ridotti a pezzetti,
assieme a 50 g di burro. Mescolare in modo da sciogliere e
amalgamare bene il tutto, quindi togliere dal fuoco,
versare la polenta in una pirofila imburrata e mantenere
al caldo il forno acceso al minimo. Nel frattempo battere
le fettine di vitellone col batticarne e porre su ognuna
una fettina di fontina e una di pancetta. Avvolgere su se
stesse le fettine in modo da formare degli involtini che
verranno infilzati tre alla volta in stecchi di legno. Tenere
separati gli involtini l'uno dall'altro con un pezzetto di

pancetta e qualche foglia di salvia. Fare poi rosolare in un pochino di burro rigirandoli continuamente. Bagnare con il vino, aggiustare di sale e di pepe, e lasciare cuocere a fiamma moderata per 20 minuti bagnando quando è necessario con acqua calda o brodo caldo. Quando gli spiedini saranno cotti, togliere dal fuoco e disporli con il loro sugo sopra la polenta e servire.

POLENTA E ANGUILLA

Ingredienti

-300 g di farina di mais grossa
-un'anguilla
-250 g di pomodori pelati
-mezzo bicchiere di vino bianco secco
-farina bianca
-olio extravergine di oliva
-due spicchi di aglio
-origano
-3 dl di aceto
-sale

Svolgimento della ricetta

Lavare l'anguilla molto bene, pulirla e asciugarla senza togliere la pelle. Quindi tagliarla a pezzi di 4 cm e metterli a marinare per almeno quattro ore in acqua e aceto. Dopodiché scolarla, infarinarla e rosolarla in olio con un battuto di aglio e origano. Come i tocchetti saranno dorati, spruzzare con il vino bianco e lasciare addensare a fiamma dolce. Aggiungere i pelati a filetti e lasciare cuocere sempre a fiamma dolce fino a cottura del pesce. Nel frattempo preparare la polenta soda con un litro di acqua salata in ebollizione e facendovi cadere a pioggia la farina di mais, mescolando di continuo. Lasciare cuocere per una mezz'ora e servire come accompagnamento per l' anguilla.

POLENTA E CICCIOLI

Ingredienti

-500 g di farina di mais
-200 g di ciccioli
-una cipolla
-un bicchiere di latte
-olio extravergine di oliva
-100 g di parmigiano reggiano grattugiato
-sale

Svolgimento della ricetta

Rosolare la cipolla tritata fine in qualche cucchiaio di olio
e farvi ammorbidire dentro i ciccioli. Nel frattempo
preparare una polenta portando ad ebollizione 1 litro di
acqua salata e facendovi cadere a pioggia la farina di
mais mescolando continuamente. A metà cottura e cioè
dopo 15 minuti, aggiungere un bicchiere di latte e un
cucchiaio di olio. Cuocere per altri 20 minuti, versarvi
dentro i ciccioli, mescolare bene e quindi rovesciare la
polenta su un tagliere. Servire la polenta fredda cosparsa
di parmigiano.

POLENTA E CONIGLIO

Ingredienti

-250 g di farina di mais
-un coniglio
-due cipolle
-un pomodoro grosso maturo
-due spicchi di aglio
-un ramo di rosmarino
-mezzo litro di aceto di vino bianco
-un bicchiere di vino bianco secco
-olio extravergine di oliva
-sale

Svolgimento della ricetta

Tagliare il coniglio a pezzi non troppo piccoli e immergerli in acqua e aceto per almeno mezz'ora. Scolare bene, asciugare e mettere in una teglia con dell'olio e gli spicchi di aglio. Rosolare la carne da tutte le parti fino a quando diventerà dorata, poi bagnare con mezzo bicchiere di vino bianco. Lasciare evaporare, poi togliere il coniglio dalla teglia e mettervi la cipolla tritata e il rosmarino. Quando la cipolla sarà rosolata rimettere di nuovo il coniglio nella teglia, salare e aggiungere anche il pomodoro a pezzetti. Aggiungere ancora un pochino di vino e acqua e cuocere a fiamma moderata. Nel frattempo portare ad ebollizione un litro di acqua salata, versarvi dentro a pioggia la farina mescolando in continuazione e lasciare cuocere fino ad ottenere una polenta di media consistenza. Trasferire la polenta nei piatti singoli, adagiarvi sopra il coniglio con il suo sugo e servire.

POLENTA E UCCELLETTI

Ingredienti

-500 g di farina di mais
-800 g di uccelli puliti (allodole, tordi, merli)
-100 g di pancetta
-olio extravergine di oliva
-50 g di burro
-salvia
-sale
-pepe

Svolgimento della ricetta

Spiumare e pulire gli uccelli. Passarli alla fiamma,
sventrarli e pulirli senza lavarli. Condirli internamente
con sale e pepe, e avvolgere ognuno di essi con una fetta
di pancetta sottile fissata con uno stecchino. Rosolare in
un tegame con abbondante olio e burro, e una decina di
foglie di salvia. Cuocere su fiamma vivace rigirandoli
spesso. Nel frattempo preparare una polenta soda
portando alla demolizione 1 litro di acqua salata e
facendovi cadere a pioggia la farina di mais mescolando
di continuo. Lasciare cuocere fino ad ottenere una
polenta soda che verrà versata su di un tagliere e tagliata
a fettine dello spessore di 3 cm. Disporre le fette sul
piatto da portata caldo e mettervi sopra gli uccelli e il
loro sugo.

SPIEDINI GOLOSI

Ingredienti

-una confezione di pane a cassetta
-200 g di prosciutto cotto
-200 g di würstel
-200 g di polenta avanzata
-200 g di cacio cavallo
-cinque pomodori
-due peperoni

Svolgimento della ricetta

Tagliare le fette del pane a dadini. Tostarli in forno.
Pulire e lavare i pomodori e i peperoni. Tagliare a spicchi
i pomodori mentre i peperoni andranno tagliati a fette
piuttosto larghe. Tagliare quindi anche tutti gli altri
ingredienti a tocchetti delle dimensioni del pane.
Infilzare gli ingredienti alternandoli in grossi stecchi di
legno e cuocere in forno o su griglia per una decina di
minuti rigirandoli spesso.

PER CHI NON MANGIA CARNE

CROSTINI DI POLENTA AI FUNGHI

Ingredienti

-un chilo di polenta già cotta
-500 g di funghi
-un ciuffo di prezzemolo
-30 g di burro
-sale
-pepe in grani

Svolgimento della ricetta

Pulire i funghi, tagliarli a fettine e farli rosolare nel burro. Insaporire con un pizzico di sale e una macinata di pepe, lasciandoli cuocere per 10 minuti, poi aggiungere un trito di prezzemolo. Tagliare la polenta a fette che andrà messa in forno caldo a 200° finché la superficie non sarà dorata. Togliere la polenta dal forno, metterla su un piatto da portata e distribuirvi sopra i funghi trifolati.

FRITTELLE DI POLENTA VALTELLINESI

Ingredienti

-400 g di farina di grano saraceno
-100 g di farina
-200 g di formaggio di latteria a pasta semi tenera
-50 g di strutto
-olio di semi di arachide
-sale
-pepe

Svolgimento della ricetta

Mescolare in una terrina le due farine, aggiungere due pizzichi di sale, uno di pepe e acqua sufficiente per ricavare una pastella morbida che andrà lasciata riposare per 30 minuti. Trascorso questo tempo, incorporarvi dentro il formaggio tagliato a cubetti, poi friggere l'impasto mettendolo a cucchiaiate all'interno di una padella con olio e strutto bollenti. Mettere ad asciugare le frittelle su carta assorbente e servire calde.

PIZZETTE DI POLENTA

Ingredienti

-un chilo di polenta già cotta
-300 g di pomodori pelati
-300 g di fontina
-basilico
-aglio
-olio extravergine di oliva
-sale

Svolgimento della ricetta

Lasciare raffreddare la polenta già cotta e poi tagliarla a
fette dello spessore di 2 cm. Disporre le fette una
accanto all'altra in una teglia oliata. Distribuirvi sopra il
pomodoro a pezzetti e la fontina a scaglie sottili,
insaporire con un pizzico di sale e terminare aggiungendo
un abbondante trito di basilico e un pizzico di aglio
sminuzzato. Infornare a 200° e lasciare cuocere fino a
scioglimento del formaggio.

POLENTA FUNGHI E GORGONZOLA

Ingredienti

-500 g di farina di mais
-120 g di funghi secchi
-180 g di gorgonzola dolce
-un bicchiere di panna
-due spicchi aglio
-olio extravergine di oliva
-brodo
-sale
-pepe

Svolgimento della ricetta

Ammollare i funghi in acqua tiepida per una mezz'ora, Scolarli, lavarli bene e strizzarli. In un tegame rosolare gli spicchi di aglio in un pochino di olio, poi toglierli e versare nel tegame i funghi lasciandoli insaporire e quindi inumidirli con un pochino di brodo. Salare, pepare e cuocere per 20 minuti a fiamma dolce aggiungendo se necessario un pochino di brodo per volta. Nel frattempo portare ad ebollizione un litro di acqua salata e versarvi dentro a pioggia la farina di mais mescolando di continuo. Lasciare cuocere per circa 20 minuti, poi versarla su un piatto da portata e tenere in caldo. Tagliare il formaggio a dadini e metterlo in un tegame con un pochino di olio. Sciogliere e amalgamare il gorgonzola su fiamma dolce mescolando continuamente poi diluirlo lentamente con la panna in modo da ottenere una crema semi fluida.

Insaporire con sale e pepe, versarvi dentro i funghi,
quindi togliere dal fuoco e cospargere con la crema
ottenuta la polenta.

POLENTA ALLE CASTAGNE

Ingredienti

-150 g di farina di mais fine
-100 g di farina di mais grossa
-100 g di farina di castagne
-50 g di burro
-75 g di parmigiano reggiano grattugiato
-sale

Svolgimento della ricetta

Amalgamare bene le tre farine. Portare a ebollizione 1
litro di acqua salata e versarvi dentro la miscela di farine
a pioggia mescolando continuamente e aggiungendo un
pizzico di sale se necessario. Lasciare cuocere fino ad
ottenere una crema semi tenera. Quando la polenta è
cotta, condirla con un mestolo di burro fuso, versarla su
un piatto da portata e spolverizzarla con abbondante
parmigiano.

POLENTA CON I PORRI

Ingredienti

-250 g di polenta
-un chilo di porri
-100 g di acciughe sotto sale
-un uovo
-100 g di fontina
-un robiola
-75 g di parmigiano reggiano grattugiato
-burro
-olio extravergine di oliva

Svolgimento della ricetta

Rosolare in un pochino di olio i porri tagliati a rondelle.
Come si saranno ammorbiditi, aggiungere le acciughe
diliscate e tritate. A parte tagliare a fette la fontina,
aggiungerla alla robiola amalgamata con il parmigiano.
Portare ad ebollizione 1 litro di acqua salata, versarvi a
pioggia la farina mescolando continuamente e lasciare
cuocere fino ad ottenere una polenta di media
consistenza. Una volta cotta, condirla con un pochino di
olio. Distribuire uno strato di circa 2 cm in una pirofila
imburrata. Versarci sopra l'impasto di formaggi e il sugo
di porri. Fare un altro strato di polenta e spennellarlo con
il tuorlo d'uovo sbattuto con un cucchiaio di acqua.
Distribuire sulla superficie fiocchetti di burro e cuocere a
220° per 10 minuti.

POLENTA CON LA ZUCCA

Ingredienti

-250 g di farina di mais fine
-un chilo di zucca gialla sbucciata e pulita
-100 g di formaggio stagionato
-tre foglie di salvia
-80 g di burro
-sale
-pepe in grani

Svolgimento della ricetta

Lessare la zucca in acqua, scolarla e passare al setaccio.
Nel frattempo preparare la polenta portando ad
ebollizione 1 litro di acqua salata e versandovi dentro a
pioggia la farina di mais mescolando continuamente.
Lasciare bollire fino ad ottenere una polenta di media
consistenza. Qualche attimo prima della fine della sua
cottura, versarvi dentro la zucca e il formaggio a dadini.
Amalgamare il tutto e quindi versare in uno stampo.
Quando la polenta incomincerà a rapprendersi per via del
raffreddamento, capovolgere lo stampo, affettare la
polenta, disporre le fette in una pirofila e bagnarle con il
burro fuso bollente insaporito con qualche foglia di salvia.
Spolverizzare con pepe macinato e servire.

POLENTA CON PISELLI E CARCIOFI

Ingredienti

-250 g di farina di mais
-300 g di piselli freschi
-quattro carciofi
-una cipolla
-75 g di parmigiano reggiano grattugiato
-un ciuffo di prezzemolo
-brodo
-80 g di lardo
-sale
-pepe in grani

Svolgimento della ricetta

Fare rosolare in una pentola la cipolla affettata fine nel lardo tagliato a cubetti. Come la cipolla appassisce, versare nella pentola i piselli sgranati, il ciuffo di prezzemolo tritato e qualche cucchiaio di brodo caldo. Pulire accuratamente i carciofi dalle foglie esterne dure, dal gambo, tagliare a metà eliminando il fieno al centro e tagliare a fettine prima di unire ai piselli. Allungare con altro brodo se necessario e lasciare cuocere per 10 minuti. Trascorso questo tempo, aggiungere 1 litro e 2,5 dl di brodo caldo. Portare ad ebollizione e farvi cadere dentro a pioggia la farina di mais mescolando di continuo e lasciando cuocere fino ad ottenere una crema morbida. Condire con parmigiano reggiano e pepe, e servire.

POLENTA E CAVOLFIORE

Ingredienti

-500 g di farina di mais fine
-un cavolfiore di circa un chilo e mezzo
-una cipolla
-un cucchiaio di pinoli
-due cucchiai di uva sultanina
-quattro acciughe salate
-olio extravergine di oliva
-sale

Svolgimento della ricetta

Dividere i ciuffi del cavolfiore e fare lessare in
abbondante acqua salata. Nel frattempo mettere in
ammollo in acqua l'uvetta. In un tegame rosolare in un
pochino di olio la cipolla tritata assieme ai pinoli.
Aggiungere le acciughe pulite, diliscate e dissalate
schiacciandole con un cucchiaio fino a ridurle in pasta.
Scolare il cavolfiore conservando l'acqua di cottura e
aggiungerlo al soffritto assieme all'uvetta scolata.
Soffriggere a fiamma dolce e lasciare che si insaporisca
poi togliere dal fuoco. Portare ad ebollizione l'acqua di
cottura del cavolfiore e versarvi dentro a pioggia la farina
di mais mescolando continuamente e lasciare cuocere
fino ad ottenere una polenta di consistenza tenera. Come
la polenta sarà cotta versarla in una pirofila ricoprendola
con la salsa di cavolfiore.

POLENTA FRITTA E FAGIOLI

Ingredienti

-500 g di polenta avanzata
-mezzo chilo di fagioli
-olio extravergine di oliva
-strutto
-sale

Svolgimento della ricetta

Tagliare a fette la polenta fredda e friggerla in una
padella assieme a un poco di olio e un pochino di strutto.
Come prende colore, aggiungere i fagioli lessati
precedentemente in acqua salata. Lasciare insaporire per
qualche minuto e quindi versare il tutto in una zuppiera,
condire con un pochino di olio crudo e servire caldo.

I DOLCI

STRUDEL DI MELE

Ingredienti

Per la sfoglia

-250 g di farina di frumento
-un uovo
-olio extravergine di oliva
-sale

Per il ripieno

-due chili di mele renette
-150 g di biscotti secchi
-50 g di uva passa
-50 g di pinoli
-un cucchiaio di miele
-la scorza grattugiata di limone
-cannella
-mezzo bicchiere di succo di mele

Svolgimento della ricetta

Per la sfoglia mescolare alla farina un pizzico di sale disponendola poi a fontana sulla spianatoia e lavorarla con l'uovo, due cucchiai di olio e acqua necessaria ad ottenere un impasto di giusta consistenza che andrà lavorato fin tanto che non sarà liscio ed elastico. Formare una palla, ungerla con un pochino di olio e lasciarla riposare per 30 minuti. In una terrina mescolare l'uva

ammorbidita in poca acqua tiepida e scolata, assieme alle
mele sbucciate tagliate a fettine col miele, cannella,
pinoli e la scorza di limone. Lasciare macerare. Stendere
con il matterello la pasta su un ripiano infarinato
tirandola molto sottile. Cospargere 2/3 della sfoglia con i
biscotti sbriciolati e quindi versarvi sopra le mele.
Arrotolare la sfoglia iniziando dalla parte con il ripieno,
poi mettere lo strudel in una teglia unta di olio e
infarinata, e infornare a 220° per circa un'ora. A metà
cottura spennellare con il succo di mela.

REBLEC ALLA MARMELLATA DI MIRTILLI

Ingredienti

-300 g di reblec valdostano
-1,5 dl di latte
-5 dl di panna fresca
-50 g di marmellata di mirtilli
-50 g di mandorle tostate
-50 g di nocciole

Svolgimento della ricetta

Mettere in una ciotola il reblec, il latte, la panna e la
marmellata di mirtilli. Lavorare in tutto fino ad ottenere
una crema omogenea. Distribuire nelle coppette e
decorare con un trito di nocciole e mandorle. Mettere in
frigo per un'ora prima di servire la crema accompagnando
con biscotti secchi.

TORTA DI MELE

Ingredienti

-un chilo di mele golden
-200 g di farina di frumento
-120 g di zucchero
-un limone
-50 g di uvetta passa
-50 g di mandorle sgusciate
-un uovo
-cannella
-150 g di burro
-sale

Svolgimento della ricetta

Disporre la farina a fontana su di una spianatoia, quindi
amalgamarvi 100 g di burro scaldato a bagnomaria, i
tuorli d'uovo e una presa di sale lavorando fino ad
ottenere un impasto cremoso che andrà poi fatto riposare
in frigo per un'ora. Nel frattempo sbucciare le mele e
tagliate a fette non troppo sottili, spruzzandole con il
succo di limone. Dopodiché riprendere l'impasto e
stenderlo con il matterello sulla spianatoia infarinata,
trasferire in una tortiera rialzandolo lungo i bordi.
Cospargere con metà dell'uvetta lavata
precedentemente, adagiarvi sopra ordinatamente le fette
di mela e spennellare con il burro rimasto sciolto.
Aggiungere il resto dell'uvetta, le mandorle sminuzzate e
lo zucchero con un pizzico di cannella. Cuocere in forno

caldo a 200° per 45 minuti.

CROSTATA ALLA MARMELLATA DI LAMPONI E CIOCCOLATO

Ingredienti

-450 g di marmellata di lamponi
-250 g di farina di frumento
-120 g di farina di mandorle
-100 g di zucchero
-2 uova
-60 g di cioccolato fondente
-un'arancia
-un cucchiaio di rum
-cannella
-120 g di burro
-sale

Svolgimento della ricetta

Lavorare il burro fatto ammorbidire con lo zucchero fino ad ottenere una crema morbida a cui andranno aggiunte le due farine, i tuorli d'uovo, il cioccolato grattugiato, il succo e la buccia grattugiata dell'arancia, un pizzico di cannella e il rum. Lavorare a lungo l'impasto con le mani dandogli poi la forma di una palla e lasciarla riposare per un'ora coperta da un canovaccio pulito. Stendere poi 3/4 della pasta e foderare una teglia da 24 cm per crostate precedentemente imburrata e infarinata. L'impasto dovrà fuori uscire leggermente dai bordi. Distribuirvi sopra la marmellata e piegare il bordo dell'impasto all'interno. Con la pasta tenuta da parte, stenderla e preparare delle lunghe listarelle che verranno appoggiate sulla crostata a forma di grata. Cuocere in forno caldo a 150° per 60 minuti.

FRITTELLE DI MELE

Ingredienti

-un chilo di mele a pasta consistente
-300 g di farina di frumento
-100 g di zucchero
-3 uova
-un bicchierino di grappa
-latte
-olio di arachide
-sale

Svolgimento della ricetta

Lavare le mele, sbucciarle, togliere il torsolo e tagliarle in senso orizzontale in modo da ottenere delle fettine circolari alte mezzo centimetro forate internamente. In un recipiente amalgamare la farina con le uova, la grappa e latte sufficiente per ottenere una pastella morbida. Scaldare l'olio in una padella e immergervi le fette di mele dopo averle passate nella pastella e farle dorare da entrambi i lati. Quando saranno pronte, scolarle e asciugare su carta assorbente. Spolverizzare con un pochino di zucchero e servire.

TORTA DI CASTAGNE

Ingredienti

-600 g di castagne
-due foglie di salvia
-cinque uova
-200 g di zucchero
-farina di frumento
-due bicchieri di brandy
-burro
-sale

Svolgimento della ricetta

Sbucciare le castagne e lessare in acqua con aggiunta di un pochino di sale e le foglie di salvia. Quando saranno cotte ma ancora calde, togliergli la pellicina e passarle allo schiacciapatate. Lavorare a lungo i tuorli con lo zucchero in modo che spumeggino, aggiungere le castagne schiacciate, il brandy e gli albumi montati a neve. Versare l'impasto in una tortiera unta di burro e infarinata e lasciare cuocere in forno caldo a 200° per 45 minuti.

PERE AL VINO VALDOSTANO

Ingredienti

-otto pere martine
-2,5 dl di vino rosso valdostano
-100 g di zucchero
-un pezzetto di cannella
-2,5 dl di panna montata
-un chiodo di garofano
-la buccia di mezzo limone

Svolgimento della ricetta

Disporre le pere in una casseruola e coprirle con il vino. Versate lo zucchero, la buccia di limone, il pezzetto di cannella e il chiodo di garofano. Cuocere il tutto in un tegame coperto a fiamma dolce per 30 minuti. Lasciare raffreddare e servire accompagnando con panna montata.

ZELTEN

Ingredienti

-400 g di farina di frumento
-200 g di zucchero
-400 g di noci
-300 g di fichi secchi
-150 g di pinoli
-150 g di uvetta passa
-100 g di cedro candito
-due uova
-la scorza grattugiata di un'arancia
-una bustina di lievito
-due bicchieri di grappa
-latte
-120 g di burro
-sale

Svolgimento della ricetta

In una terrina sbattere il burro ammorbidito assieme allo zucchero e alle uova, poi unirvi la farina, il lievito, un pizzico di sale e quindi mescolare aggiungendo poco per volta il latte fino ad ottenere un impasto omogeneo. Aggiungere poi metà delle noci a pezzetti, i fichi tagliuzzati, i pinoli interi, l'uvetta lavata, la scorza d'arancia e la grappa. Lavorare il tutto per circa 15 minuti e trasferire il composto in una teglia infarinata. Stendere la pasta con le mani ad uno spessore di 1 cm. Guarnire con il restante cedro a pezzetti e delle noci tagliate a metà. Mettere in forno caldo per 40 minuti sfornando quando la superficie avrà raggiunto un colore bruno.

POLENTA DOLCE

Ingredienti

-200 g di farina di mais
-100 g di uvetta passa
-100 g di noci sgusciate
-quattro cucchiai di miele
-olio extravergine di oliva
-sale

Svolgimento della ricetta

Mettere sul fuoco 800 g di acqua e portare a bollore, versarvi dentro a pioggia la farina mescolando velocemente. Salare leggermente e portare a cottura fino ad ottenere una polenta piuttosto morbida. Togliere dal fuoco aggiungere l'uvetta ammollata precedentemente in acqua tiepida, il miele e le noci tritate. Mescolare bene quindi mettere il composto in una teglia unta e cuocere in forno caldo per 10 minuti.

TORTA DI NOCI E CAROTE

Ingredienti

-250 g di noci sgusciate
-250 g di carote
-200 g di zucchero
-100 g di fecola di patate
-sei uova
-la buccia grattugiata di limone
-una bustina di zucchero vanigliato
-farina di frumento
-burro
-sale
-zucchero a velo
-panna montata o yogurt bianco

Svolgimento della ricetta

Separare i tuorli dagli albumi e sbatterli con lo zucchero, una presa di sale, la buccia di limone grattugiata e lo zucchero vanigliato fino ad ottenere una massa cremosa chiara. Aggiungere le carote pulite e grattugiate. Incorporare anche la fecola mescolata alle noci macinate e montare gli albumi a neve soda prima di amalgamarli all'impasto. Mettere poi il composto in uno stampo imburrato e infarinato e cuocere per 30 minuti a 180°. Prima di servire, spolverizzare la torta con zucchero a velo e decorare con le noci.

BUDINO DI POLENTA

Ingredienti

-250 g di albicocche secche
-250 g di farina di mais bianco
-30 g di burro
-due cucchiai di cognac
-75 g di zucchero

Svolgimento della ricetta

Mettere le albicocche in ammollo in acqua tiepida aromatizzata con un cucchiaio di cognac per tre ore, quindi cuocerle in acqua sufficiente assieme allo zucchero e ad un altro cucchiaio di cognac. Scolarle e tritarle grossolanamente. Conservare a parte il sugo di cottura. Portare ad ebollizione 500 g di acqua e versarvi dentro a pioggia la farina di mais bianco mescolando continuamente. Cuocere fino ad ottenere una polenta di media consistenza. Quando è quasi cotta aggiungere le albicocche. Unire il burro e mescolare amalgamando il tutto e versare in uno stampo a cupola imburrato. Quando la polenta sarà fredda capovolgere lo stampo su di un piatto da portata e una volta sformata ricoprire la polenta con il sugo di cottura delle albicocche.

PASTICCINI DI MAIS E NOCCIOLE

Ingredienti

-300 g di farina di frumento 00
-200 g di burro
-200 g di zucchero
-100 g di farina di mais fine
-100 g di nocciole sgusciate
-due uova
-la buccia grattugiata di limone

Svolgimento della ricetta

Impastare la farina di frumento con la farina di mais e
aggiungere il burro ammorbidito, lo zucchero, le nocciole
tostate e tritate fini, due tuorli d'uovo e la buccia
grattugiata del limone. Poi lasciare riposare l'impasto per
30 minuti. Trascorso questo tempo, stendere l'impasto in
una sfoglia di 1 cm di spessore e tagliare in dischi che
andranno disposti su una teglia imburrata. Cuocere a
180° per 20 minuti.

TORTA DI MIRTILLI DEL TRENTINO

Ingredienti

-200 g di farina di mais fine
-100 g di farina bianca
-200 g di zucchero
-6 uova
-200 g di burro
-300 g di mirtilli neri di bosco
-una bustina di vanillina
-una bustina di lievito
-due cucchiai di miele

Svolgimento della ricetta

Lavorare lo zucchero assieme ai tuorli nuovo, fino a
quando non saranno diventati una crema spumosa.
Incorporarvi poco alla volta, la farina gialla e quella
bianca, il lievito e la vanillina. Ammorbidire l'impasto con
il burro fuso freddo e con le chiare montate a neve.
Ungere e infarinare una teglia circolare, versare l'impasto
e cuocere a 180° per un'ora. Appena sarà cotto, spegnere
il forno e lasciare il dolce dentro per altri 10 minuti.
Quindi sfornarlo e tagliarlo a metà nel senso orizzontale.
Farcire l'interno con i mirtilli sbollentati
precedentemente in acqua e mescolati con il miele.

INDICE

Finito di stampare nel mese di Luglio 2019